D1465421

Thomas Bernhard

Ein Kind

Residenz Verlag

2. Auflage 1982

© 1982 Residenz Verlag, Salzburg und Wien
Alle Rechte, insbesondere das des auszugsweisen Abdrucks
und das der photomechanischen Wiedergabe, vorbehalten
Printed in Austria by Druckhaus Nonntal, Salzburg
ISBN 3-7017-0309-4

Niemand hat gefunden
oder wird je finden.

Voltaire

Im Alter von acht Jahren trat ich auf dem alten Steyr-Waffenrad meines Vormunds, der zu diesem Zeitpunkt in Polen eingerückt und im Begriff war, mit der deutschen Armee in Rußland einzumarschieren, unter unserer Wohnung auf dem Taubenmarkt in Traunstein in der Menschenleere eines selbstbewußten Provinzmittags meine erste Runde. Auf den Geschmack dieser mir vollkommen neuen Disziplin gekommen, radelte ich bald aus dem Taubenmarkt hinaus durch die Schaumburgerstraße auf den Stadtplatz, um nach zwei oder drei Runden um die Pfarrkirche den kühnen, wie sich schon Stunden später zeigen mußte, verhängnisvollen Entschluß zu fassen, auf dem, wie ich glaubte, von mir schon geradezu perfekt beherrschten Rad meine nahe dem sechsunddreißig Kilometer entfernten Salzburg in einem mit viel Kleinbürgerliebe gepflegten Blumengarten lebende und an den Sonntagen beliebte Schnitzel backende Tante Fanny aufzusuchen, die mir als das geeignetste Ziel meiner Erstfahrt erschien und bei der ich mich nach einer bestimmt nicht zu kurzen Phase der absoluten Bewunderung für mein Kunststück anzuessen und auszuschlafen gedachte. Die auserwählte Klasse der Radfahrer hatte ich von den ersten bewußten Augenblicken meines begierigen Sehens an bewundert, jetzt gehörte ich dazu. Kein

Mensch hatte mich diese so lange vergeblich bewunderte Kunst gelehrt, ich hatte, ganz ohne um Erlaubnis zu bitten, das kostbare Steyr-Waffenrad meines Vormunds aus dem Vorhaus geschoben, nicht ohne schmerzendes Schuldbewußtsein, und mich, ohne über das Wie nachzudenken, auf die Pedale gestemmt und war losgefahren. Da ich nicht stürzte, empfand ich mich schon in diesen ersten Augenblicken auf dem Fahrrad als Triumphator. Es wäre ganz gegen meine Natur gewesen, nach einigen Runden wieder abzusteigen; wie in allem trieb ich das nun einmal begonnene Unternehmen bis zum Äußersten. Ohne einem einzigen dafür zuständigen Menschen ein Wort gesagt zu haben, verließ ich auf der luftigen Höhe des Waffenrades und des damit verbundenen Vergnügens den Stadtplatz, um schließlich in der sogenannten Au und dann in der freien Natur Richtung Salzburg die Räder laufen zu lassen. Obwohl ich noch zu klein war, um tatsächlich auf dem Sattel zu sitzen, ich mußte ja, wie alle andern zu kleinen Anfänger, mit dem Fuß unter die Stange durch auf das Pedal, beschleunigte ich zusehends meine Geschwindigkeit, daß es fortwährend bergab ging, war ein zusätzlicher Genuß. Wenn die Meinigen wüßten, was ich, durch einen durch nichts vorher angekündigten Entschluß, schon erreicht habe, dachte ich, wenn sie mich sehen und naturgemäß gleichzeitig, weil sie keine andere Wahl haben, bewundern könnten! Ich malte mir den höchsten, ja den allerhöchsten Grad ihrer Verblüffung aus. Daß mein Können mein Vergehen oder gar Verbrechen auszulöschen imstande sei, daran zweifelte ich nicht eine Sekunde. Wem, außer mir, gelingt es schon, zum allererstenmal auf das Rad zu steigen und auf und davon zu fahren, und noch dazu mit dem höchsten Anspruch, nach Salzburg! Sie müßten einsehen, daß ich mich doch immer, gegen die größten Hemmnisse und Widerstände, durchsetzte und Sieger sei! Vor allem wünschte ich, während ich die Pedale trat und es schon in die Schluchten unterhalb Surbergs ging, mein wie nichts auf der Welt geliebter Großvater könnte mich auf dem Fahrrad sehen. Da sie nicht da waren und überhaupt nichts von meinem nun schon sehr weit vorangetriebenen Abenteuer wußten, mußte ich zeugenlos mein Werk vollbringen. Sind wir auf der Höhe, wünschen wir den Beobachter als Bewunderer wie sonst nichts herbei, aber dieser Beobachter als Bewunderer fehlte. Ich begnügte mich mit der Selbstbeobachtung und der Selbstbewunderung. Je härter mir die Geschwindigkeit ins Gesicht blies, je mehr ich mich meinem Ziel, der Tante Fanny, näherte, desto radikaler vergrößerte sich die Entfernung aus dem Ort meiner Ungeheuerlichkeit. Wenn ich auf der Geraden für einen Augenblick die Augen zumachte, kostete ich die Glückseligkeit des Triumphators. Insgeheim war ich mir mit meinem Großvater einig: ich hatte an diesem Tag die größte Entdeckung meines bisherigen Lebens gemacht, ich hatte meiner Existenz eine neue Wendung gegeben, möglicherweise die entscheidende der mechanischen Fortbewegung auf Rädern. So also begegnet der Radfahrer der Welt: von oben! Er rast dahin, ohne mit seinen Füßen den Erdboden zu berühren, er ist ein Radfahrer, was beinahe soviel bedeutet wie: ich bin der Beherrscher der Welt. In einem beispiellosen Hochgefühl erreichte ich Teisendorf, das durch seine Brauerei berühmt ist. Gleich danach mußte ich absteigen und das Waffenrad meines eingerückten und dadurch tatsächlich beinahe völlig entrückten Vormunds schieben. Ich lernte die unangenehme Seite des Radfahrens kennen. Der Weg zog sich, ich zählte abwechselnd die Randsteine und die Risse im Asphalt, ich hatte bis jetzt nicht bemerkt, daß der Strumpf an meinem rechten Bein von der Kette ölverschmiert war und in Fetzen herunterhing. Der Anblick war deprimierend, sollte sich gerade aus diesem Blick auf den zerrissenen Strumpf auf dem ölbeschmierten, ja schon blutigen Bein eine Tragödie entwickeln? Ich hatte

Straß vor mir. Ich kannte die Landschaft und ihre Ortschaften von mehreren Bahnreisen zu meiner Tante Fanny, die mit meinem Onkel, dem Bruder meiner Mutter, verheiratet war. Es hatte jetzt alles eine vollkommen andere Perspektive. Sollten meine Lungenflügel nicht mehr die Kraft bis Salzburg haben? Ich schwang mich auf das Rad und trat in die Pedale, es war jetzt mehr aus Verzweiflung und Ehrgeiz denn aus Verzückung und Enthusiasmus, daß ich die berühmte Rennfahrerhaltung einnahm, um die Geschwindigkeit noch einmal steigern zu können. Hinter Straß, von wo aus man schon Niederstraß sehen kann, riß die Kette und verwickelte sich erbarmungslos in den Speichen des Hinterrades. Ich war in den Straßengraben katapultiert worden. Ohne Zweifel, das war das Ende. Ich stand auf und blickte mich um. Es hatte mich niemand beobachtet. Es wäre zu lächerlich gewesen, in diesem fatalen Kopfsprung ertappt worden zu sein. Ich hob das Fahrrad auf und versuchte, die Kette aus den Speichen zu ziehen. Mit Öl und Blut verschmiert, zitternd vor Enttäuschung, blickte ich in die Richtung, in welcher ich Salzburg vermutete. Immerhin, ich hätte nur noch zwölf oder dreizehn Kilometer zu überwinden gehabt. Erst jetzt war ich darauf gekommen, daß ich die Adresse meiner Tante Fanny gar nicht kannte. Ich hätte das Haus im Blumengarten niemals gefunden. Auf meine Frage: wo ist oder wo wohnt meine Tante Fanny? hätte es, wäre ich tatsächlich bis Salzburg gekommen, gar keine oder mehrere hundert Antworten gegeben. Ich stand da und beneidete die Vorüberfahrenden in ihren Automobilen und auf ihren Motorrädern, die von meiner verunglückten Existenz keinerlei Notiz nahmen. Wenigstens ließ sich das Hinterrad wieder drehen, also konnte ich das Steyr-Waffenrad meines Vormunds schieben, allerdings dahin zurück, wo nurmehr das Unheil auf mich wartete und wo es aufeinmal jäh finster zu werden drohte. Im Überschwang meines Ausflugs hatte ich naturgemäß auch kein Zeitgefühl mehr gehabt, und zu allem Überdruß war auch noch von einem Augenblick auf den andern ein Gewitter hereingebrochen, das die Landschaft, die ich gerade noch mit dem höchsten aller Hochgefühle durcheilt hatte, in ein Inferno verwandelte. Brutale Wassermassen ergossen sich über mich und hatten in Sekundenschnelle aus der Straße einen reißenden Fluß gemacht, und unter den tosenden Wassermassen mein Rad schiebend, heulte ich unaufhörlich. Bei jeder Umdrehung verklemmten sich die verbogenen Speichen, die Finsternis war vollkommen, ich sah nichts mehr. Wie immer, so dachte ich, bin ich einer Versuchung, die nur ein durch und durch furchtbares Ende haben konnte, zum Opfer gefallen. Entsetzt stellte ich mir den Zustand meiner Mutter vor, wie sie, nicht zum erstenmal, die Polizeiwachstube im Rathaus betritt, ratlos, wütend, von dem *schrecklichen, fürchterlichen* Kind stammelnd. Der Großvater, weit außerhalb und am anderen Ende der Stadt, hatte keine Ahnung. Auf ihn setzte ich jetzt wieder alles. Es war mir klar: an den Montagsschulbesuch war nicht zu denken. Ich hatte mich unerlaubt und auf die gemeinste Weise aus dem Staub gemacht und dazu auch noch das Waffenrad meines Vormunds ruiniert. Ich schob ein Gerümpel. Mein Körper war abwechselnd von den Wassermassen und von einer unbarmherzigen Angst geschüttelt. So tappte ich mich mehrere Stunden zurück. Alles wollte ich wiedergutmachen, aber hatte ich überhaupt noch die Möglichkeit dazu? Ich hatte mich nicht geändert, meine Beteuerungen waren nichts wert, meine guten Vorsätze waren wieder nichts anderes als Geplapper gewesen. Ich verfluchte mich. Ich wollte sterben. Aber so einfach war das nicht. Ich bemühte mich um eine menschenwürdige Haltung. Ich verurteilte mich zur Höchststrafe. Nicht zur Todesstrafe, aber zur Höchststrafe, wenn ich auch nicht genau wußte, was diese Höchststrafe sein könnte, gleich darauf war ich mir wieder der Absurdität dieses teuflischen Spiels bewußt. Die Schwere der Verbrechen hatte zweifellos zugenommen, das empfand ich ganz deutlich. Alle bisherigen Vergehen und Verbrechen waren gegen dieses nichts. Meine Schulschwänzereien, meine Lügen, meine immer wieder überall gestellten Fallen kamen mir gegenüber meinem neuen Vergehen oder Verbrechen, wie immer, harmlos vor. Ich hatte einen gefährlichen Grad meiner Verbrecherlaufbahn erreicht. Das kostbare Waffenrad ruiniert, die Kleider beschmutzt und zerrissen, das ganze Vertrauen in mich auf die niederträchtigste Weise gebrochen. Das Wort Reue empfand ich augenblicklich als geschmacklos. Ich rechnete, während ich mein Fahrrad durch das Inferno schob, immer wieder alles von oben bis unten durch, addierte, dividierte, subtrahierte, der Urteilsspruch mußte entsetzlich sein. Das Wort *unverzeihlich* markierte fortwährend meine Gedanken. Was nützte es, daß ich heulte und mich verfluchte? Ich liebte meine Mutter, aber ich war ihr kein lieber Sohn, nichts war einfach mit mir, alles Komplizierte meinerseits überstieg ihre Kräfte. Ich war grausam, ich war niederträchtig, ich war hinterhältig, ich war, das war das Schlimmste, gefinkelt. Der Gedanke an mich erfüllte mich mit Abscheu. Wenn ich, zuhause an ihre Schulter gelehnt, ihr

14

Atmen zu meinem Glück machen könnte, wenn sie ihren Tolstoj liest oder einen anderen von ihr geliebten russischen Roman, dachte ich. Wie verkommen ich bin. Ekelhaft. Wie ich meine Seele beschmutzt habe! Wie ich Mutter und Großvater wieder zutiefst betrogen habe! Du bist, was sie dich nennen, *das scheußlichste aller Kinder!* Ich dachte, ich könnte jetzt, wo die Welt doch nichts ist als eine zutiefst verabscheuungswürdige, finstere Häßlichkeit, wäre ich zuhause, ohne Scham und ohne schlechtes Gewissen ins Bett gehen. Ich hörte das *Gute Nacht* meiner Mutter und heulte noch heftiger. Hatte ich denn überhaupt noch Schuhe an den Beinen? Es war, als hätte der Regen alles von mir weggeschwemmt, als hätte er mir nichts als meine Armseligkeit gelassen. Aber ich durfte nicht aufgeben. Ein Licht und das in dem Licht langsam erkennbare Wort *Gasthaus* waren jetzt meine Hoffnung. Mein Großvater hatte mich immer gewarnt: die Welt ist widerwärtig, unerbittlich, tödlich. Wie recht er hatte. Es ist alles noch viel schlimmer, als ich dachte. Eigentlich wollte ich auf der Stelle tot sein. Aber dann schob ich das Fahrrad noch die paar Meter auf die Gasthaustür zu, lehnte es an die Mauer und trat ein. Auf einem Podium tanzten Bauernburschen und -mädchen zu einer Kapelle, die mir wohlbekannte Tänze spielte, aber das tröstete mich nicht, im Gegenteil, jetzt fühlte ich mich vollkommen ausgeschlossen. Die ganze menschliche Gesellschaft stand mir als einzigem, der nicht zu ihr gehörte, gegenüber. Ich war ihr Feind. Ich war der Verbrecher. Ich verdiente es nicht mehr, in ihr zu sein, sie verwahrte sich gegen mich. Harmonie, Lustigkeit, Geborgenheit, darin hatte ich nichts mehr zu suchen. Jetzt zeigt der Finger der ganzen Welt auf mich, tödlich. Während des Tanzes wurde meine Erbärmlichkeit nicht zur Kenntnis genommen, aber dann, als die Paare das Podium verließen, war ich entdeckt. Ich schämte mich zutiefst, gleichzeitig war ich glücklich, angesprochen zu sein. Woher? Wohin? Wer und wo sind deine Eltern? Sie haben kein Telefon? Nun gut, setz dich her. Ich setzte mich. Trink! Ich trank. Deck dich zu. Ich deckte mich zu. Ein derber Förstermantel schützte mich. Die Kellnerin fragte, ich antwortete und weinte. Das Kind fiel aufeinmal wieder kopfüber in seine Kindheit hinein. Die Kellnerin berührte es am Nacken. Streichelte es. Es war gerettet. Aber das ändert nichts an der Tatsache, daß dieses Kind das scheußlichste Kind ist von allen Kindern. *Du hast mir noch gefehlt!* war der immer wiederkehrende Ruf meiner Mutter. Ich höre ihn auch heute noch deutlich. Ein Schreckenskind! Ein Fehltritt! Ich kauerte geduckt in einer finsteren Ecke der Wirtsstube und beobachtete die Szene. Die Natürlichkeit der Menschen auf und vor dem Podium gefiel mir. Hier *zeigte* sich eine Welt und Gesellschaft und gab sich vollkommen anders als die meinige. Ich gehörte nicht dazu, ob ich wollte oder nicht, auch die Meinigen gehörten nicht dazu, ob sie wollten oder nicht. Aber existierten wirklich die einen natürlich und die andern künstlich, diese natürlich, die meinigen künstlich? Ich war nicht imstande, meine Vorstellung zu einem Gedanken zu machen. Ich liebte die Klarinette und hörte insgeheim nur ihr zu. Mein Lieblingsinstrument und ich, wir waren hier eine Verschwörung. Zwei Burschen, hieß es, würden mich nachhause bringen, aber nicht vor Mitternacht. Sie tanzten, soviel sie konnten, und ich freundete mich mit ihnen an. Die Freundschaft begann in der ersten Beobachtung. Die Kellnerin brachte mir immer wieder etwas zu essen und zu trinken, die Leute waren mit sich selbst beschäftigt, sie ließen mich, außer daß sie mich fütterten, in Ruhe. Ich hätte hier glücklich sein können in dieser Umgebung, ich liebte die Wirtsstuben und ihre ausgelassenen Gesellschaften. Aber ich war nicht so dumm, meine entsetzliche Zukunft zu ignorieren. Was, wenn ich hier weggehe, auf mich zukommt, ist furchtbarer als alles Furchtbare vorher. Mein Instinkt hatte mich nie im Stich gelassen. War ich auch ein armseliges Bündel Mensch, das, immer noch bis auf die Haut durchnäßt, in dem ihm zugewiesenen Winkel kauerte, so hatte ich doch mein Schauspiel, meine lehrreiche Szene, mein Puppentheater. Kein Wunder, daß ich eingeschlafen war, als mich die beiden Burschen weckten, unsanft, in ihrer derben Art. Sie schulterten mich und trennten mich von Musik und Tanz. Eine eiskalte, sternklare Nacht. Der eine hatte mich vor sich auf sein Rad gesetzt, sodaß ich mich an der Lenkstange anhalten konnte, der andere fuhr einhändig und hatte mein Rad neben sich. Sie radelten, so schnell sie konnten, nach Surberg, wo sie zuhause waren. Kein Wort, nur das Keuchen der beiden Erschöpften. Vor ihrem Haus luden sie mich ab, ihre Mutter kam, nahm mich ins Haus mit hinein und zog mir meine Kleider aus und hängte sie neben einem noch heißen Ofen auf. Sie gab mir Milch zu trinken, in die sie Honig gerührt hatte. Sie versorgte mich mütterlich, aber sie gab mir, ohne Wörter, nur durch ihr Schweigen zu verstehen, daß sie mein Verhalten entschieden mißbilligte, sie wußte auch ohne Erklärung meinerseits Bescheid. Es war nicht schwer gewesen, den Fall aufzuklären. Was werden deine Eltern sagen? sagte sie. Ich selbst war mir sicher, was mit mir geschehen würde, war ich zuhause.

Die Burschen hatten mir ihr Versprechen gegeben, mich nachhause zu bringen. Als ich getrocknet war und nicht mehr zitterte vor Kälte, schon gewöhnt an die Stubenwärme in dem fremden, aber gemütlichen Bauernhaus, schlüpfte ich aus dem Barchenthemd, das mir die Bäuerin übergezogen hatte, und wieder in meine Kleider. Die Burschen schulterten mich und brachten mich nach Traunstein. Sie setzten mich auf dem Taubenmarkt vor der Haustür ab und waren weg. Ich hatte keine Zeit gehabt, mich zu bedanken. Kaum stand ich auf dem Boden, waren sie auch schon verschwunden. Ich blickte an der finsteren Hauswand empor, in den zweiten Stock hinauf. Es rührte sich nichts. Es war gegen drei Uhr früh. Der Blick auf das Steyr-Waffenrad meines Vormunds, das die Burschen an die Hausmauer gelehnt hatten, war der traurigste. Kein Zweifel, ich mußte den Gang zu meiner Mutter über meinen Großvater machen, der mit meiner Großmutter in Ettendorf wohnte, in einem alten Bauernhaus, nur hundert Schritte von der berühmten Wallfahrtskirche entfernt, vor welcher alljährlich am Ostermontag der sogenannte Georgiritt stattfindet. Meine Mutter und ich, wir wären nicht in der Lage gewesen, eine Katastrophe zu verhindern. Der Großvater war die Autorität, der sich jeder beugte, der schlichtete, was zu schlichten war, dessen Machtwort das erste und einzige war. Der Richter. Der Urteilssprecher. Ich wußte genau, was der Druck auf die Klingel an unserer Haustür bedeutete. Ich hütete mich davor. Ich verklemmte das deformierte Waffenrad zwischen der Hausmauer und dem Schubkarren, der für alle Fälle und alle möglichen Zwecke Jahr um Jahr an der Hausmauer stand, und machte mich auf in das drei oder vier Kilometer entfernte Ettendorf. Ich liebte die Stille und die Leere der Stadt. Bei den Bäckersleuten war schon Licht, ich rannte davon, aus dem Taubenmarkt, hinunter über die sogenannte Dentistenstiege, an welcher, solange zurückgedacht werden kann, ein Dentist ordinierte, an unserem Krämer vorbei, Schneider, Schuster, Leichenbestatter, alle nur möglichen Berufe hatten hier ihren Standort, am Gaswerk vorbei über die Traun auf einem hölzernen Steg, darüber, hoch oben, mein Wunderwerk der Technik, es spannte sich an die hundert Meter über die Traun von Osten nach Westen, genial, kühn, so höre ich meinen Großvater, diese Konstruktion: die Eisenbahnbrücke! Ich erinnere mich, daß ich in der Langeweile der Nachmittage sehr oft Steine auf die Geleise gelegt habe, ohne Zweifel zu kleine für die gigantischen Lokomotiven, die ich und meine Volksschulkollegen so gern in die